ZEPHIRE
ET
FLORE,

OPERA-COMIQUE;

Représenté, pour la premiere fois, sur le Théâtre de l'Opera-Comique, le Jeudi 14 Février 1754.

---

*Ver erat, errabam; Zephirus conspexit, abibam;
Insequitur, fugio; fortior ille fuit.*
                                Ovid. Fast. l. 5.

ACTEURS.

ZÉPHIRE.
FLORE, *Bergere*.
BORÉE.
DORIS, *Confidente de* FLORE.

ZEPHIRE ET FLORE,
PASTORALE.

Le Théâtre représente un Paysage agréable, un Ruisseau dans un des côtés, une Prairie au pied d'une Montagne.

SCENE PREMIERE.
BORÉE.

Air : *Votre cœur, aimable Aurore.*

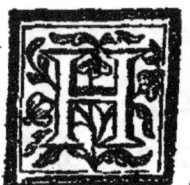Aste-toi, divine Aurore,
Sois propice à mon Amour :
Hâte-toi de faire éclore
Ce charmant, cet heureux jour,
Que la Beauté que j'adore
A choisi pour son retour.

A ij

Pour escorter ma Bergere,
Sur ses pas, volez, Zéphirs ;
Des Amours suivez la Mere,
Et la Reine des Plaisirs.
Rendez sa course légere
Par vos plus tendres soupirs.

Arbres, de votre feuillage
Préparez-lui les douceurs :
Vous, Oiseaux, d'un doux ramage
Formez les sons enchanteurs :
Prez qui bordez son passage,
Ornez-vous de mille fleurs.

SCENE II.
ZÉPHIRE, BORÉE.
ZÉPHIRE.

Air : *O ma Bergere, viens seulette.*

Ne pourrai-je pas sur l'herbette,
O lon lan la, landerira,
Trouver quelque Nymphe seulette,
O lon lan la landerirette,
O lon lan la, landerira.

PASTORALE.

Air : *Mon petit doigt me l'a dit.*

Mais je ne vois rien paroître
En cet asile champêtre,
Qui puisse me divertir.

BORÉE.

A ce ton de Petit-Maître,
Pourroit-on vous méconnoître
Pour le volage Zéphir ?

Air : *Dans un détour.*

Toujours heureux !
L'Amour couronne tous vos vœux.
Zéphire amoureux
Ne forme point de desseins
Vains.

ZÉPHIRE.

Effleurer le plaisir
Est le but du desir
D'un Zéphir.
Imitez
Ma façon, voltigez
De Beautés en Beautés.

BORÉE.

Air : *C'est ma Devise.*

Plûtôt périr !
Je veux chérir
Mon esclavage.

ZÉPHIRE ET FLORE,

ZÉPHIRE.

Y pensez-vous ?
Il est plus doux
D'être volage.
Toujours languir,
Toujours gémir :
Pure sotise !
Toujours content,
Toujours chantant,
C'est ma devise.

Air : *Et j'y pris bien du plaisir.*

De vous Flore est adorée,
Elle méprise vos feux.
Croyez-moi, mon cher Borée,
Adressez ailleurs vos vœux.
Si quelquefois je m'enchaîne,
C'est pour flatter mon desir.
De l'amour je fuis la peine,
Je n'en prends que le plaisir.

Air : *Quel mystere ?*

Sage Abeille,
Quand tu suces légerement
La fleur vermeille,
Tu réveille
Ton plaisir par le changement.

PASTORALE.
Chaque matin,
L'objet de ton butin
Reprend f: fraîcheur de la veille,
Et toujours à tes desirs
Offre de nouveaux plaisirs.
Sage Abeille, &c.

Papillon léger,
Qu'on voit sans cesse voltiger,
Par ton feu passager,
Tu nous invite à changer.
Il cueille des faveurs
Sur toutes les fleurs :
Suivons sa leçon.
Non,
Je ne suis point volage :
A nos Bergeres, tour à tour,
Quand je partage
Mon hommage,
C'est toujours cultiver l'amour.

Air : *Courons d'la Blonde à la Brune.*
Tout ce qui nous environne
Varie à tous les instans.
Après l'Été suit l'Automne,
Après l'Hyver le Printems.
Si l'orage
Fait ravage,

ZÉPHIRE ET FLORE,

Le calme vient à son tour.
Le visage
Change avec l'âge,
La nuit fait place au jour.
Si les saisons, si l'orage,
Les vents,
Le visage,
Les temps
Sont changeans,
Suivons un tel usage.

BORÉE.

Tout ce qui nous environne
Nous défend d'être inconstans.
Tous les ans Cérès couronne
Des mêmes épis nos champs :
La riviere
Tributaire
Vers la Mer coule toujours.
La lumiere
Qui nous éclaire
N'interrompt point son cours.
Si l'Océan, la riviere,
Les ans,
La lumiere,
Les champs
Sont constans,
Vivons à leur maniere.

PASTORALE.
ZÉPHIRE.

Air : *Tout roule aujourd'hui dans le Monde.*

Moi, je m'en tiens à la fleurette.
Que l'homme est sot de s'engager !
Il est dupé par la Coquette,
La Prude le fait enrager.
Avec la Sotte il est à plaindre ;
La Laide peut se négliger ;
La Spirituelle est à craindre.
Que l'homme est sot de s'engager !

BORÉE.

Air : *J'aime une ingrate Beauté.*

Flore me tient sous sa loi,
Comment pouvoir m'en défendre ?
Le plus doux plaisir pour moi,
C'est de la voir, de l'entendre.
 Le pouvoir de ses yeux
 Soumet le plus rebelle ;
 Ses propos gracieux
 Le retiennent près d'elle.

Sous ses jolis doigts, l'Amour
Embellit ce qu'elle touche ;
Aussi pur que le beau jour,
Son cœur parle par sa bouche.
 Cette Beauté sans fard,
 Tableau de la nature,
 Sans le secours de l'art
 Compose sa parure.

Elle charmeroit les Dieux
Mieux que Vénus & l'Aurore.
Heureux qui voit ses beaux yeux.
Plus heureux qui les adore :
 Le comble des plaisirs
 Est pour un Amant tendre,
 Qui peut par ses soupirs
 L'engager à se rendre.

ZÉPHIRE.

Air : *Résonnez, ma Musette.*

Adieu, comptez vos peines
Aux rochers, aux fontaines ;
Puissiez-vous voir un jour
Couronner votre amour.

Air : *Des Fleurettes.*

 Je vais dans le village,
 Près de quelque Beauté,
 Par un folâtre hommage,
 Flatter sa vanité ;
Et par forme d'amusette
Si je trouve Flore ici,
Je lui pourrai bien aussi
 Conter fleurette.

PASTORALE.

SCENE III.
FLORE, DORIS, *Suite de Flore.*
FLORE.

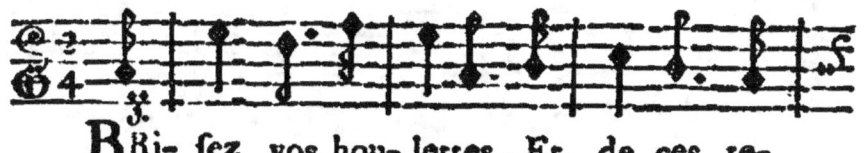
Bri- sez vos hou- lettes, Et de ces re-

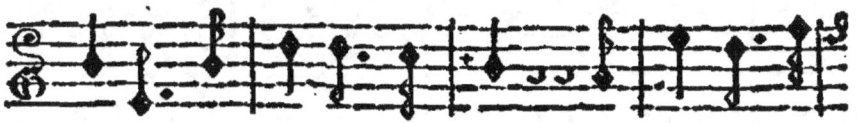
traites Ban- nissez l'A- mour. Bri- sez vos hou-

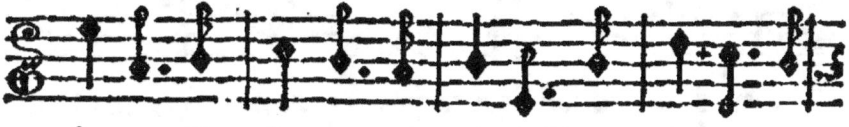
lettes, Et de ces re- traites Ban- nissez l'A-

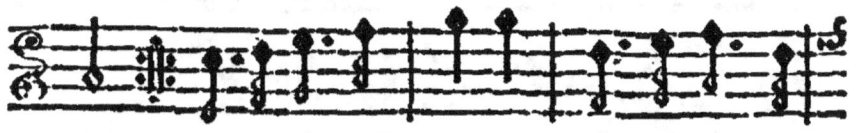
mour. E-vitons ses armes; Méprisons ses

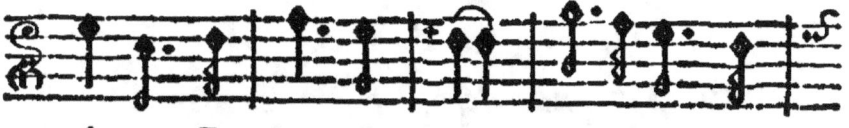
charmes Dans ce se- jour. E-vitons ses

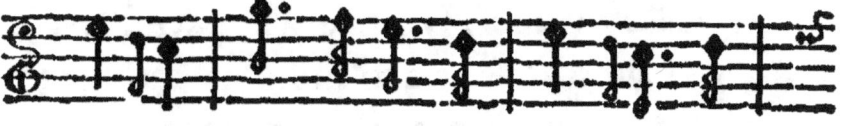
armes, Mé- prisons ses charmes Dans

12 ZÉPHIRE ET FLORE,

Chœur. Flore.

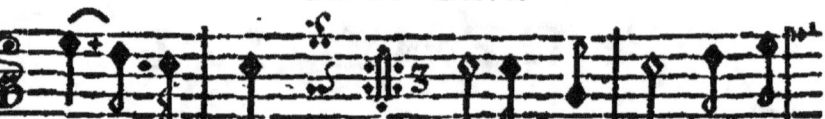
ce se- jour. Brisons nos. Cruel A- mour, qui cau-

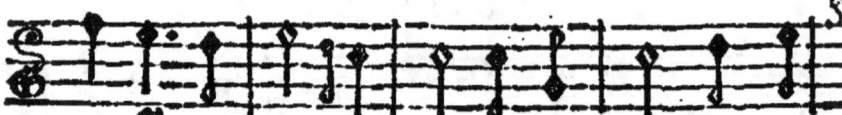
se la souf- france Des malheu- reux dont tu

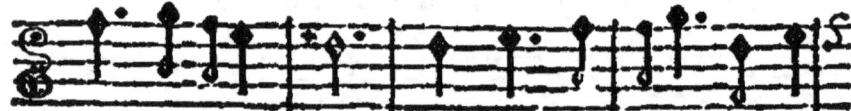
te rends vain- queur, Contre tes feux la dou-

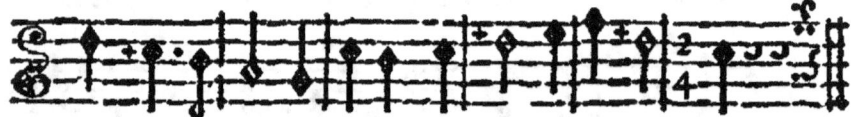
ce in- diffe- rence Sçaura pré- server notre cœur. Bri.

SCENE IV.
FLORE, DORIS.

DORIS.

Air : *J'entends déjà le bruit des armes.*

Devez-vous tenir ce langage ?
Nulle Nymphe n'a, parmi nous,
Tant d'attraits que Flore en partage ;
Nombre d'Amans, à vos genoux,
A l'envi vous rendent hommage ;
Les Dieux même brûlent pour vous.

PASTORALE.
FLORE.
Air : *Pour faire honneur à la nôce.*
Dans la sage indifférence
On trouve la félicité.
Heureux qui, rempli de fierté,
Brave l'Amour & sa puissance.
Dans la sage indifférence,
Il trouve sa félicité.

DORIS.
Air : *Vous qui du Vulgaire stupide.*
L'Amour regne sur la Nature,
Vous y serez soumise un jour :
C'est en vain que notre cœur jure
D'éviter à jamais sa cour.
Il vient un tems où le parjure
Est contraint d'aimer à son tour :
Il paye alors avec usure
Les momens passés sans amour.

Air : *Aimer tout le monde.*
Votre humeur s'adoucira.

FLORE.
Je suis infléxible.

DORIS.
Le tendre Zéphir sçaura
    Vous rendre sensible.   (*bis.*)

FLORE.

Air : Non, non, Colette n'est point trompeuse.

Non, non, le Zéphir n'est qu'un volage,
 Inconstant dans ses plaisirs.
Tour à tour à chacune il s'engage,
 Et promene ses desirs.
  Toutes les fois que l'Aurore
  Nous annonce un nouveau jour,
  Du Zéphire on voit éclore
  Nouveaux feux, nouvel amour.
Non, non, le Zéphir n'est qu'un voiage,
 Inconstant dans ses plaisirs.
Tour à tour à chacune il s'engage,
 Et promene ses desirs.

DORIS.

Air : Nous sommes Précepteurs d'Amour.

 A vos appas cet inconstant,
 En vous voyant, rendra les armes ;
 Et c'est un triomphe éclatant
 Que l'Amour réserve à vos charmes.

FLORE.

Air du GRONDEUR.

Non, son espérance est vaine,
S'il croit pouvoir m'emflâmer.
Je n'aurai que de la haine
Pour un Amant si léger.

Si le récit de sa peine
Parvenoit à me toucher,
Ma fierté romproit la chaîne
Que mon cœur voudroit forger.

DORIS.

Air: *Quand le péril est agréable.*

A l'Amour tout devient possible,
Et le Zéphir vous a charmé.
On dit d'un air moins animé
    Que l'on est insensible.

FLORE.

Air: *Il ne faut jurer de rien.*

Pourquoi découvrir un feu
Que je m'efforce de taire?
Laissez-moi rêver un peu
Dans ce bosquet solitaire.

DORIS.

Tantôt ne disois-je pas bien
Qu'un Amant pourroit vous plaire?
Tantôt ne disois-je pas bien
Qu'il ne faut jurer de rien?

SCENE V.
FLORE.

Air : *Quand vous entendrez le doux Zéphir.*

Fuyons l'Amour & ses traits vainqueurs,
Ne portons point ses funestes chaînes,
Il nous enchante : mais ses douceurs
  Sont toujours inhumaines.
  Le plus charmant
  N'est qu'un inconstant :
Pour le Zéphire j'aurois du penchant ;
  Mais ce volage
  Feroit outrage
  A mon sentiment.
Fuyons l'Amour, &c.

SCENE VI.
FLORE, BORÉE.
BORÉE.

Air : *Tendres fruits des pleurs de l'Aurore.*

Voici la Beauté que j'adore ;
C'est l'Amour qui l'offre à mes yeux.
Restez, restez, aimable Flore :
Soyez l'ornement de ces lieux.

FLORE.

PASTORALE.
FLORE.

Air : *Donnez, Amans, mais donnez bien.*

C'est par ce doucereux langage
Que l'amour entre dans un cœur.
On écoute un discours flatteur,
Et sans y penser l'on s'engage.

BORÉE.

Les loix qu'impose ce Vainqueur,
Sont des loix pleines de douceur.

Air : *Sans le Dieu de la tendresse.*

Quand on n'a pas le cœur tendre,
Il n'est point de jours heureux.
Souvent l'ennui vient surprendre
Parmi les ris & les jeux.
Quand on n'a pas le cœur tendre,
Il n'est point de jours heureux.

FLORE.

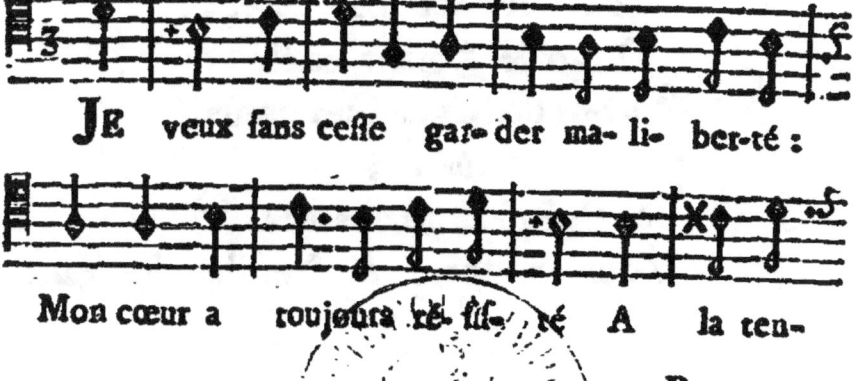

Je veux sans cesse garder ma liberté :
Mon cœur a toujours résisté A la ten-

B

ZÉPHIRE ET FLORE,

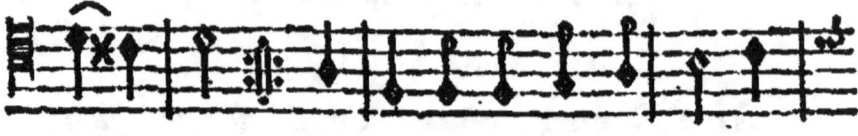
dres- se. U- ne Nymphe tâche en vain de

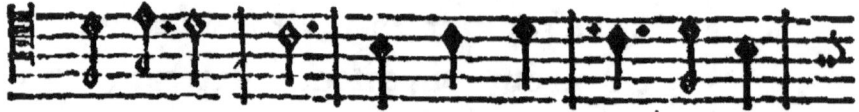
s'en défen- dre, L'Amour trou- ve le mo-

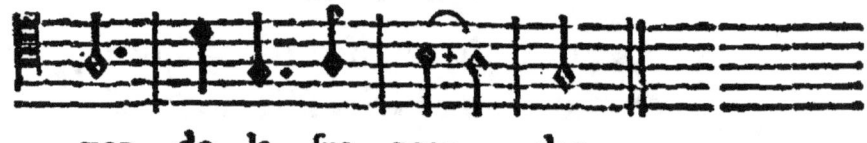
yen de la sur pren- dre.

Air: *Le Savetier matineux.*

Si des fléches de l'Amour
Je suis jamais pénétrée,
Si je fais un choix un jour,
Ce ne sera pas Borée, (*bis.*)

BORÉE.

!Air: *Votre Toutou vous flatte.*

Quelle affreuse nouvelle
Pour mon feu malheureux !
De votre Amant fidèle
Vous dédaignez les vœux,
Cruelle ;
Je respirois sous vos liens,
Tous vos desirs (*bis.*) étoient les miens.

PASTORALE.

Air : *La mort de mon cher Pere.*

Un jour sous ce feuillage
Un Rossignol caché
Vous plut par son ramage,
Je vous le dénichai.
Pour mettre en esclavage
Ce petit prisonnier,
Je vous fis une cage
Avec un tendre osier.

Le zèle qui m'engage
A sçu l'apprivoiser ;
Docile au badinage
Il se laisse baiser.
Si dans le voisinage
Il vole quelquefois,
Il revient à sa cage,
Au son de votre voix.

Air : *Le Seigneur Turc a raison.*

J'excite votre courroux
   Par mon feu sincére.
Je ne vivois que pour vous,
Mon exil est nécessaire.
Il faut d'ici me bannir :
Adieu, je vais me punir
   D'avoir pû vous déplaire.

ZÉPHIRE ET FLORE,

SCENE VII.
ZÉPHIRE, FLORE.
ZÉPHIRE.

Dans ces fortunés asyles Tout rit, tout charmé nos sens; Des plaisirs purs & tranquilles Y couronnent les Amans. Viens, Flore, dans ce bocage, Satisfaire à mon desir; Ce myrthe, par son feuillage, Servira d'om-

PASTORALE.

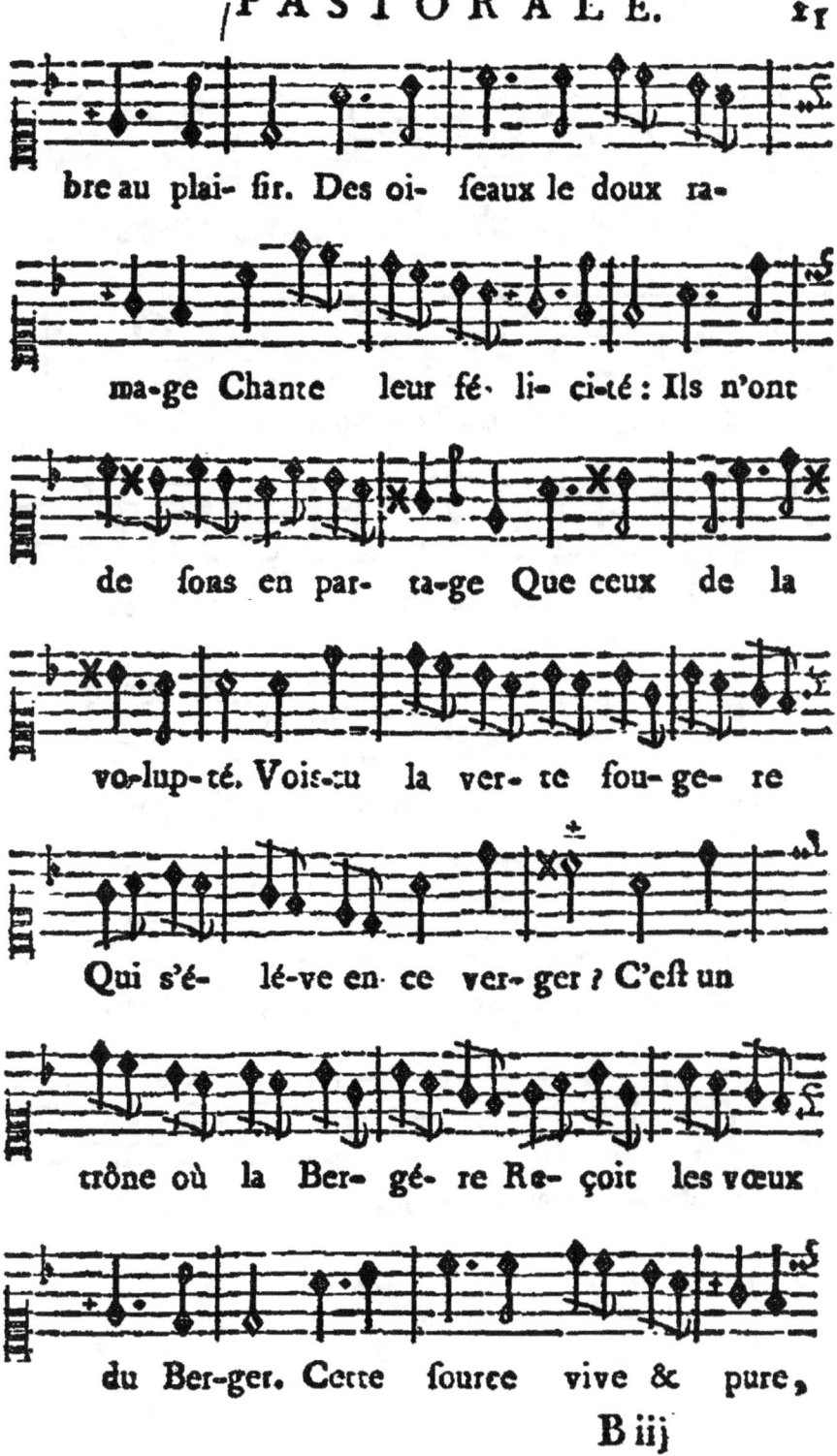

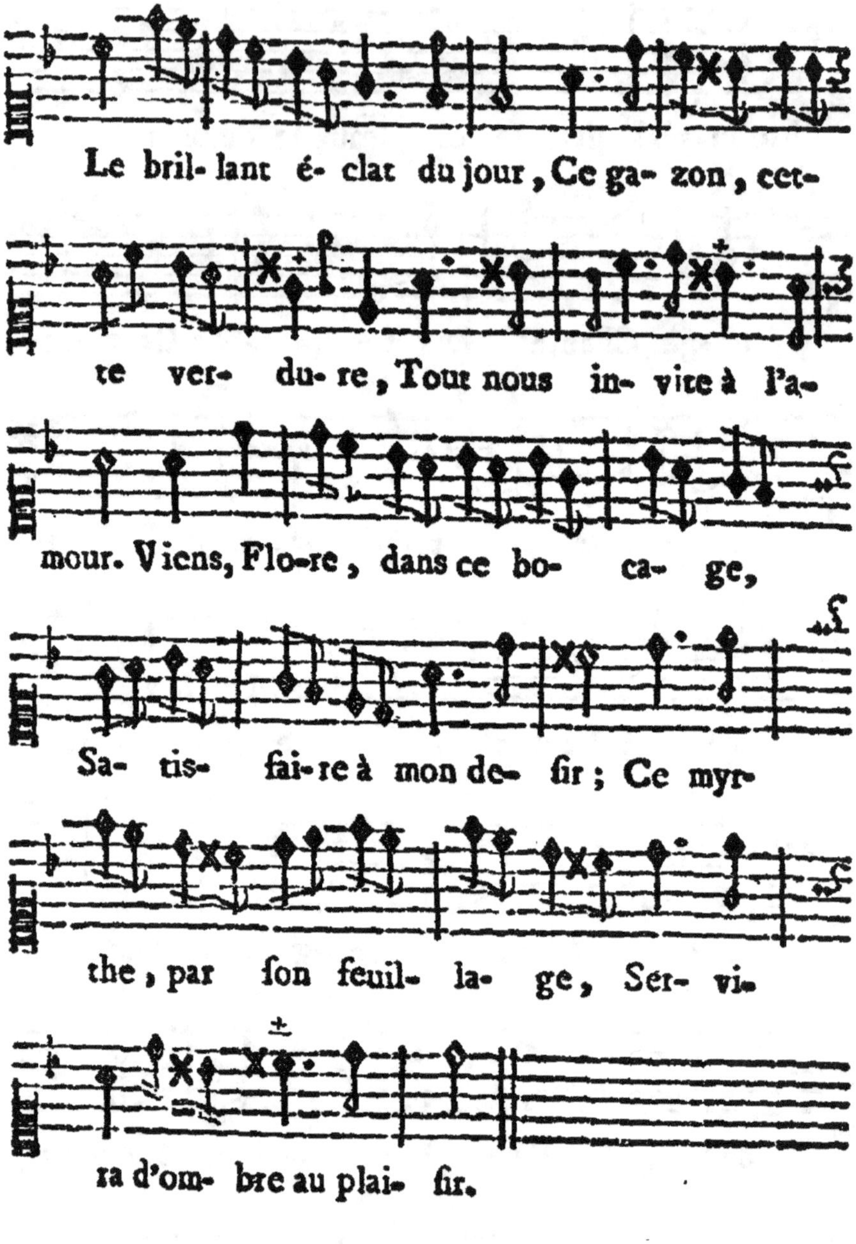

ZÉPHIRE ET FLORE,

Le bril-lant é-clat du jour, Ce ga-zon, cet-te ver-du-re, Tout nous in-vite à l'a-mour. Viens, Flo-re, dans ce bo-ca-ge, Sa-tis-fai-re à mon de-sir; Ce myr-the, par son feuil-la-ge, Ser-vi-ra d'om-bre au plai-sir.

PASTORALE.
FLORE.
Air : *Ce Ruisseau qui dans la plaine.*
TITON ET L'AURORE.

Les Nymphes de ces retraites
Tour-à-tour vous font la loi. } *bis.*
Le tribut de vos fleurettes
Aujourd'hui s'adresse à moi.
Mais pourrois-je être attendrie
Par les discours d'un Amant ?
Les fleurs de cette Prairie } *bis.*
Font tout mon amusement.

ZÉPHIRE.
Air : *Entre l'Amour & la Raison.*
L'Amour soumettra votre cœur.

FLORE.
J'éviterai ce fier Vainqueur.
On le fuit, quand on sçait le craindre.

ZÉPHIRE.
Son pouvoir ne peut s'égaler.
Il a des aîles pour voler,
Et sçait lorsqu'il veut nous atteindre.

FLORE.
Air : *Du Cap de Bonne Espérance.*

Quand il ne fait que de naître,
Son plumage est foible encor.

24 ZÉPHIRE ET FLORE,
ZÉPHIRE.
Quand on vient à le connoître,
Il a déjà pris l'essor.
Il est alors invincible :
Cet enfant devient terrible ;
Il lance ses feux sur nous,
Ou nous perce de ses coups.
FLORÉ.
Air : *Est-il de plus douces odeurs ?*
Deux Bergers de notre Hameau,
Eurylas & Philène,
Célébroient sur leur chalumeau
Le Dieu qui nous enchaîne.
Je voyois à leurs doux accens
Nos Bergeres se rendre.
Ils ont même attendri mes sens ;
Mais j'ai sçu m'en défendre.
ZÉPHIRE.
Air : *J'ai donc perdu ma chere Hélene.*
Si c'est à l'Amant le plus tendre
Que vous destinez votre foi,
Qui plus que moi peut y prétendre ?
Qui le mérite mieux que moi ?

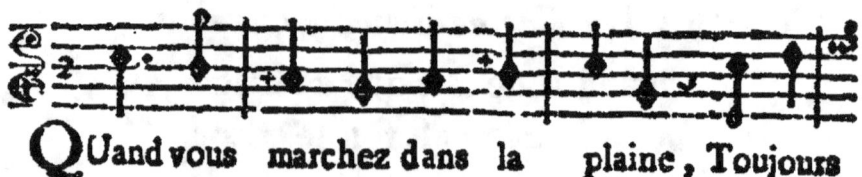

Quand vous marchez dans la plaine, Toujours

PASTORALE.

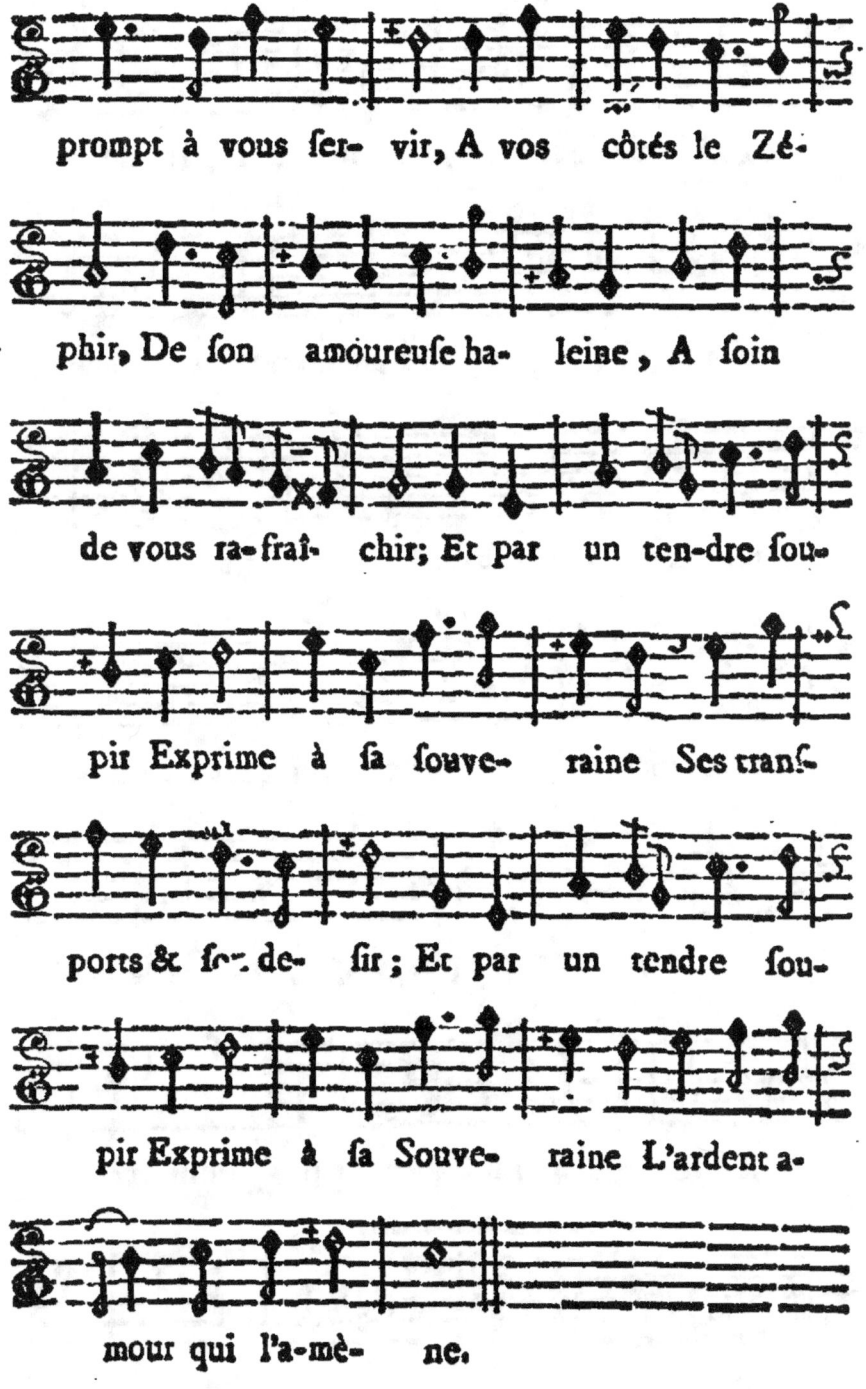

prompt à vous ser- vir, A vos côtés le Zé-

phir, De son amoureuse ha- leine, A soin

de vous ra-fraî- chir; Et par un ten-dre sou-

pir Exprime à sa souve- raine Ses transs-

ports & s... de- sir; Et par un tendre sou-

pir Exprime à sa Souve- raine L'ardent a-

mour qui l'a-mè- ne.

26 ZÉPHIRE ET FLORE,

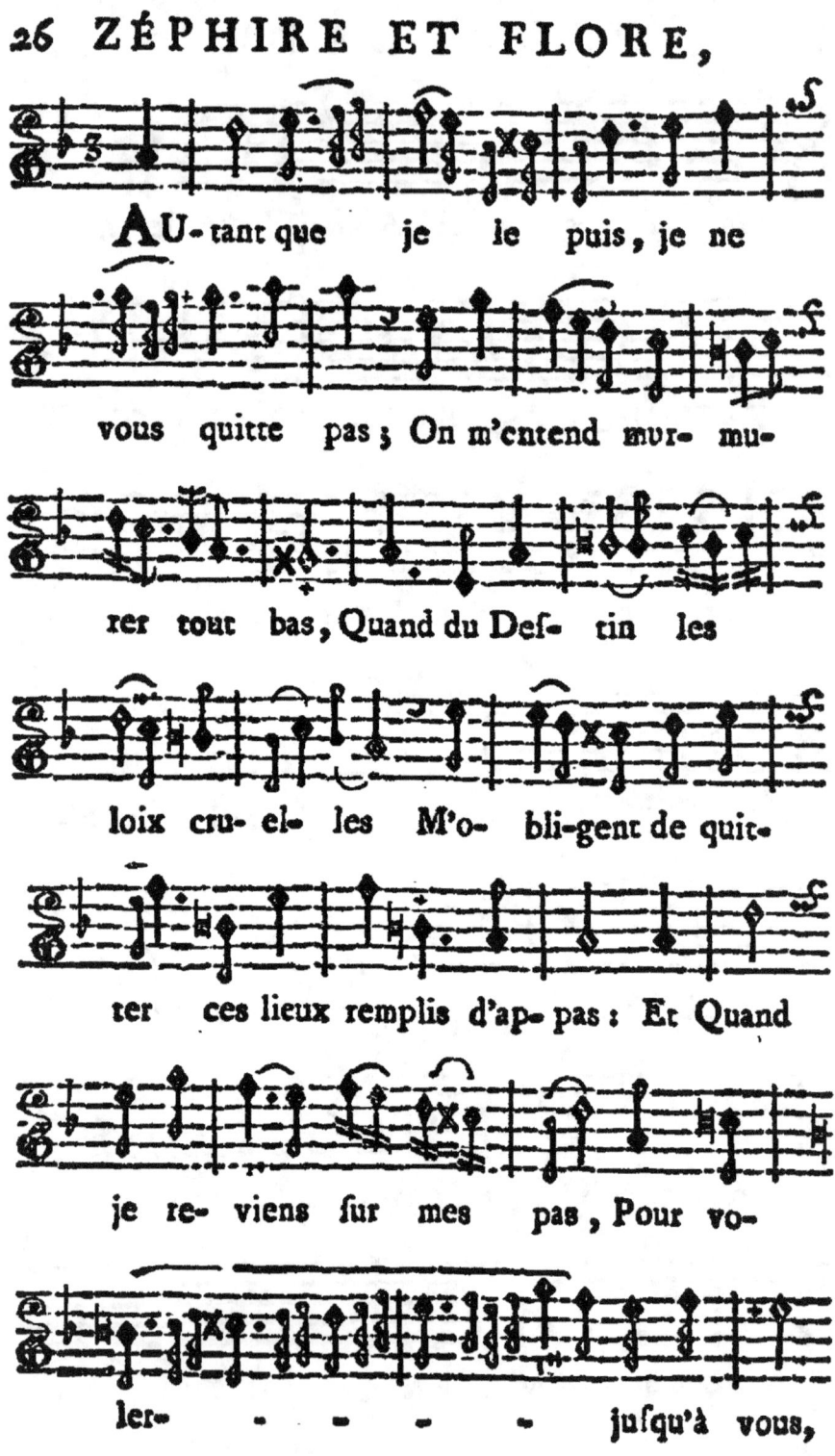

Au-tant que je le puis, je ne vous quitte pas ; On m'entend mur-mu-rer tout bas, Quand du Des-tin les loix cru-el-les M'o-bli-gent de quit-ter ces lieux remplis d'ap-pas : Et Quand je re-viens sur mes pas, Pour vo-ler jusqu'à vous,

PASTORALE.

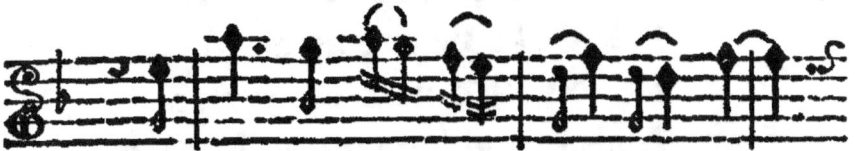
l'A-mour sou-tient mes ai- les, Et

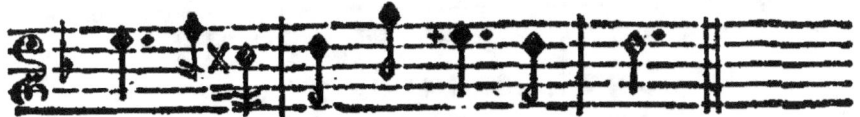
me ra- méne en ces cli- mats.

FLORE.

Air : Gardons nos Moutons.

Je m'amuse à vous écouter,
C'est être un peu coquette :
Adieu, Zéphir, c'est trop prêter
L'oreille à la fleurette.
Gardons nos moutons
Lirette, liron,
Liron, liré, lirette.

SCENE VIII.
ZÉPHIRE.

Air : Ton humeur est, Catherine.

VOus méprisez ma tendresse !
Flore, vous quittez ces lieux !
Et de l'ardeur qui me presse,
L'aveu me rend malheureux.

ZÉPHIRE ET FLORE,

Près de la Beauté qu'on aime,
Le respect doit nous regler.
Mais quand l'amour est extrême,
Peut-on le dissimuler ?

Air : *J'étois seule en un Boccage.*

Comme un Papillon volage,
Aux Beautés de ce séjour,
J'adressois un vain hommage :
Mais je suis pris à mon tour.
Enfin le coquet Zéphire
Soupire,
Est amoureux.
Flore regne dans mon ame,
L'enflâme
De mille feux.

Air : *Vaudeville du* POIRIER.

Viens remporter une victoire,
Amour, sur ce cœur endurci :
Ce triomphe manque à ta gloire.

SCENE IX.
ZÉPHIRE, DORIS.

DORIS.

Suite de l'air.

EH ! oui, oui, oui,
Fiez-vous-y :
Une Fille prude & sévére

PASTORALE.

Nous paroît novice en amours :
Par un voyage de Cythere,
Son cœur en connoît tous les tours.

ZÉPHIRE.

Air : *Je n'en veux pas davantage.*

L'Amour a-t-il de son ame
Vaincu la sévérité ?
Puis-je, en lui jurant ma flâme,
Me flatter d'être écouté ?
Apprens-moi si mon hommage
A fait sur elle impression.

DORIS.

Eh ! non, non, non,
Je ne dis rien davantage.

ZÉPHIRE.

Air : *Tout n'est qu'amour.*

Volons après ma Bergere,
Dieu de Cythere,
Fais mon bonheur.
Viens désarmer sa rigueur
Pour un Amant tendre & sincere.
A son cœur parle en ce jour;
Triomphe, Amour,
Triomphe, Amour.

SCENE X.
DORIS.

Air: *Et lon, lan, la, toureloure.*

Heureux Zéphire, cours,
Assure ta conquête:
De myrthes les Amours
Vont couronner ta tête, ô gué.
Et lon, lan, la, toureloure, louriré,
Et lon lan la toureloure.

A ses ardens soupirs
Cédez, aimable Flore :
Rendez-vous aux desirs
D'un cœur qui vous adore, ô gué.
Et lon, lan, la, toureloure, louriré, &c.

Flore vient, en marchant,
De tomber dans la plaine :
Le Zéphir triomphant
Sur ses pas la ramene, ô gué.
Et lon, lan, la, toureloure, louriré, &c.

Belles, n'espérez pas
Vous sauver par la fuite :
On peut faire un faux pas
Dont le Berger profite, ô gué.
Et lon, lan, la, toureloure, louriré.
Et lon, lan, la, toureloure.

PASTORALE.

SCENE XI.
ZÉPHIRE, FLORE, DORIS.
ZÉPHIRE.

Air : *L'orage sur ma tête.*

DE l'ardeur la plus pure
Quand je vous fais l'aveu,
Vous me faites injure,
En doutant de mon feu.
C'est un Dieu qui vous aime,
Pourquoi me fuyez-vous ?
Mon bonheur est extrême,
Si je suis votre Epoux.

Air : *Dieu des Ames.*

D'un volage
Qui s'engage,
Recevez l'empressement :
Je vous aime,
L'Amour même
N'aime pas plus tendrement.
Oui, ma flâme
Dans mon ame
Ne pourra jamais finir.
Ma tendresse
Croît sans cesse :
Répondez à mon desir.

ZÉPHIRE ET FLORE,

FLORE.

Air: *Trois Enfans gueux.*

Si de l'Amour je subissois la loi,
Je veux un cœur qui soit tendre & sincére;
Et qui jamais, jamais n'aime que moi,
Celui-là seul aura droit de me plaire.

DORIS.

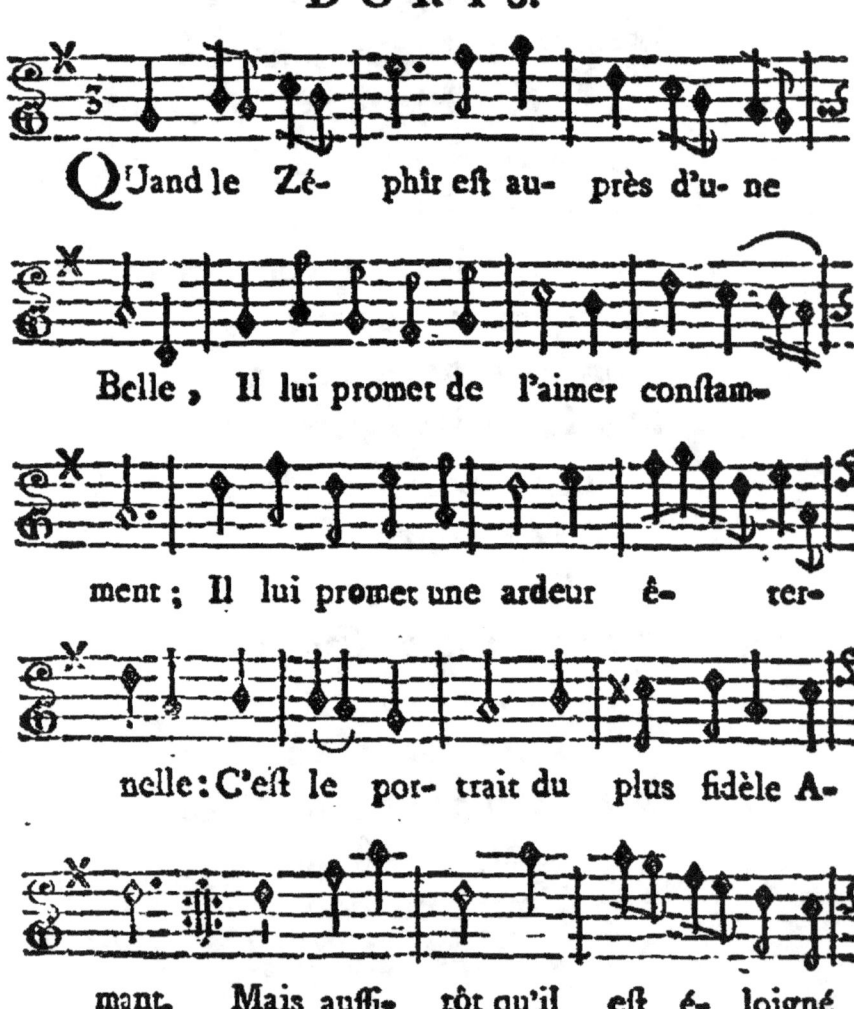

Quand le Zéphir est auprès d'une Belle, Il lui promet de l'aimer constamment; Il lui promet une ardeur éternelle: C'est le portrait du plus fidèle Amant. Mais aussi-tôt qu'il est éloigné d'elle,

PASTORALE.

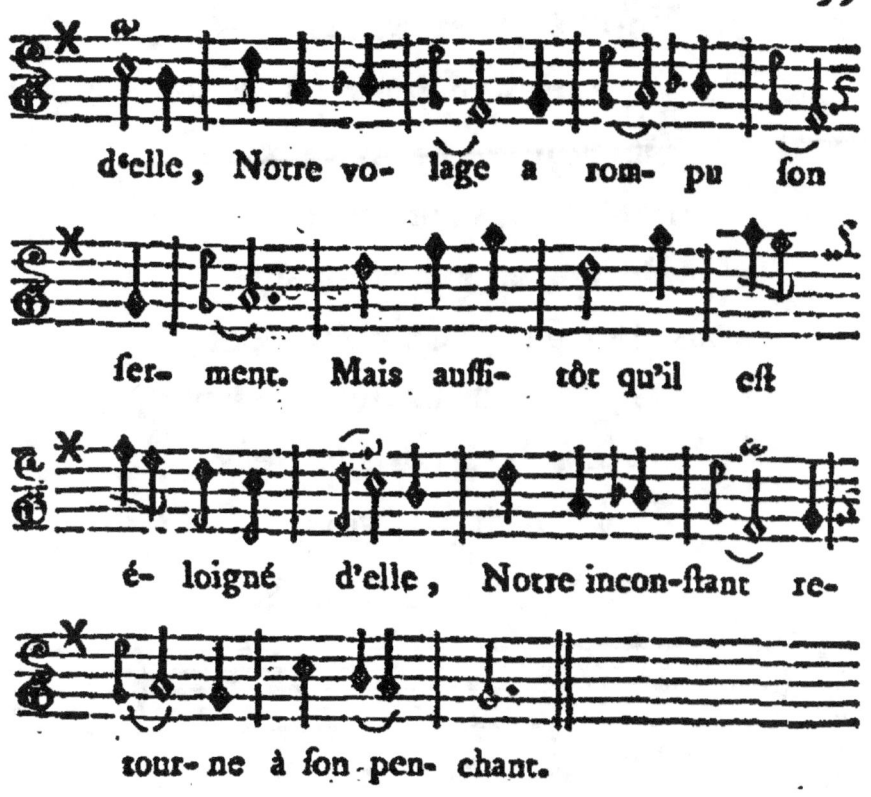

d'elle, Notre vo- lage a rom- pu son ser- ment. Mais aussi- tôt qu'il est é- loigné d'elle, Notre incon-stant re- tour- ne à son pen- chant.

ZÉPHIRE.

Air : *Le Savetier matineux.*

D'un amour tendre & constant
Vos attraits vous sont un gage.

FLORE.

Vous étiez volage Amant ;
Vous serez époux volage.   (bis.)

ZÉPHIRE.

Air : *Babet, que t'es gentille !*

Flore, en vous possédant,
Peut-on être infidèle ?

34 ZÉPHIRE ET FLORE,

Votre éclat renaissant
Vous rend toujours plus belle.
Qui voit vos beaux yeux,
Par de nouveaux feux,
De jour'en jour s'engage.
Vous allez fixer tous mes vœux,
Mon hymen vous égale aux Dieux,
Consentez à me rendre heureux,
Zéphir n'est plus volage.   (*bis.*)

ENSEMBLE.

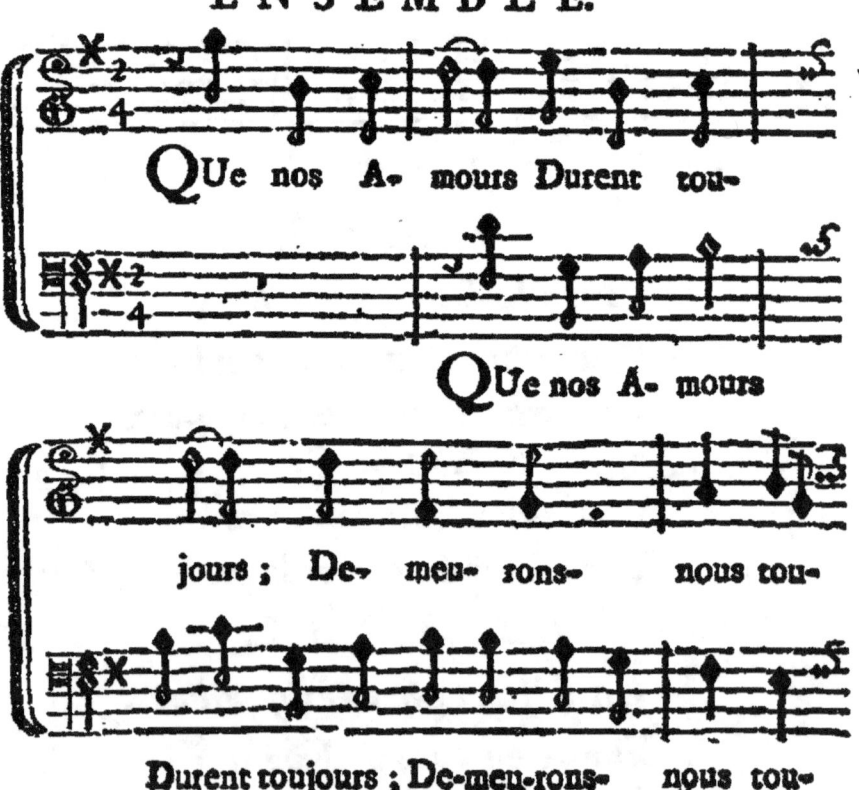

Que nos Amours Durent tou-
Que nos Amours
jours; De- meu- rons- nous tou-
Durent toujours; De-meu-rons- nous tou-

PASTORALE.

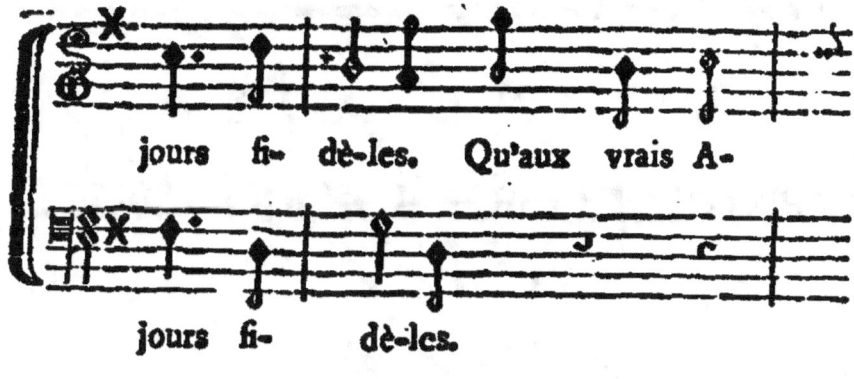

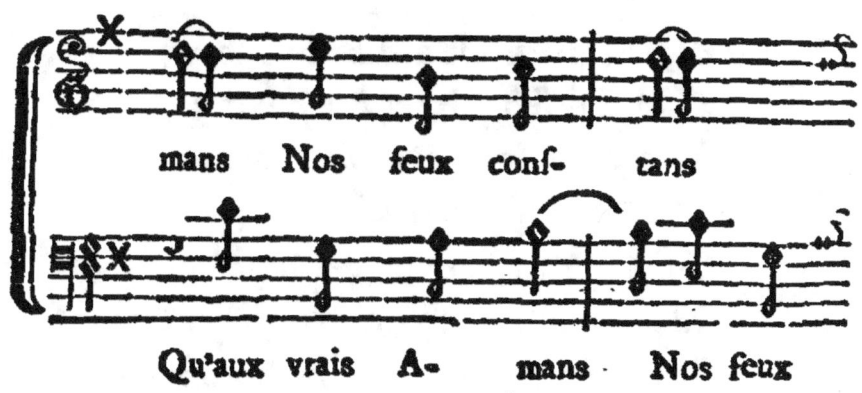

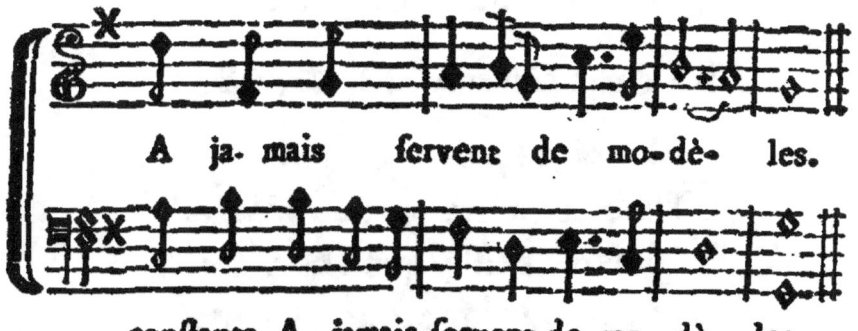

SCENE XII.
ZÉPHIRE, FLORE, BORÉE, DORIS.
BORÉE.

Air : *Des Trembleurs.*

Zéphire est aimé de Flore ;
Un feu jaloux me dévore :
Mes yeux sont témoins encore
D'un nœud qui m'est si fatal.
Quel spectacle pour ma rage !
Est-ce ainsi que l'on m'outrage ?
Du prix de mon tendre hommage
Vous couronnez mon Rival.

Air : *Nous autres bons Villageois.*

J'étois le jouet honteux
D'une coquette & d'un volage.
J'avois pensé que vos yeux
De l'amour ignoroient l'usage.
Votre cœur, à ce que je voi,
N'étoit inhumain que pour moi.
Mon amour se change en fureur ;
Je reviens de mon erreur.

PASTORALE.
FLORE.

Air : *Ce n'est qu'à la délicatesse.*

Un torrent, du haut des Montagnes,
Précipite ses flots fougueux ;
Dans les malheureuses campagnes,
Il excite un ravage affreux :
Mais il passe avec ce qu'il roule ;
Et, plus paisible dans son cours,
    Ce ruisseau coule,
Ce ruisseau coulera toujours.

BORÉE.

Air : *Bouchez, Nayades, vos fontaines.*

A tout ce qui pourra vous plaire
Je ferai sentir ma colere.
Vous aimez les fleurs ; & les fleurs
Seront l'objet de ma vengeance.
Vous connoîtrez, à mes fureurs,
Si c'est en vain que l'on m'offense.

SCENE XIII.
ZÉPHIRE, FLORE, DORIS.
ZÉPHIRE.

Air : *De tout tems le Jardinage.*

Laissez passer cet orage :
La fureur est le langage
De tout Amant méprisé.
Mon souffle tendre & volage
Réparera le dommage
Que Borée aura causé.

FLORE.

Air : *Allons danser sous les Ormeaux.*

Unissez-vous, jeunes Bergers ;
Chantez le Dieu qui nous engage :
Unissez-vous, jeunes Bergers ;
Accourez tous en ces vergers.

Que l'Univers lui rende hommage,
Que tout soit soumis à ses loix.
Il sçait triompher à la fois
D'une insensible & d'un volage.

PASTORALE.

Unissez-vous, jeunes Bergers ;
Chantez le Dieu qui nous engage :
Unissez-vous, jeunes Bergers ;
Accourez tous en ces vergers.

Toute la terre est en bute à tes traits,
Et l'Olympe est peuplé de tes sujets :
    Maître des Dieux,
    Reçois nos vœux,
    Comble nos cœurs
    De tes faveurs.
Quelle liberté vaut ton esclavage !

Unissez-vous, &c.

On danse.

ZÉPHIRE.

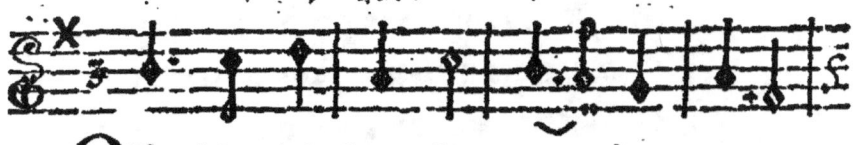

QUand les oi-seaux de nos bo-cages,

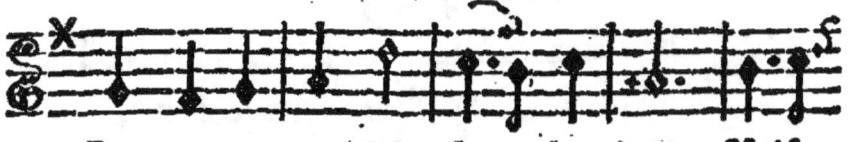

Pour annon-cer l'A-stre du jour, Unis-

ZEPHIRE ET FLORE,

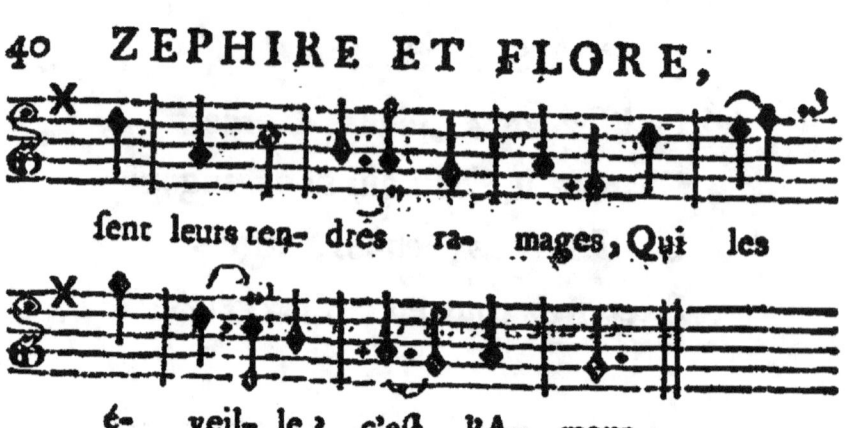

sent leurs ten- dres ra- mages, Qui les é- veil- le ? c'est l'A- mour.

DORIS, à la tête des Bergers & Bergeres.

Amour, ton pouvoir invincible
Est adoré dans ce séjour :
Il n'est plus chez nous d'insensible ;
Tous nos cœurs connoissent l'Amour.

Rien n'est si doux que son empire,
Les Plaisirs composent sa Cour :
Flore vient de choisir Zéphire,
Tous nos cœurs connoissent l'Amour.

Nous ne changeons point par caprice.
Nos Bergers aiment sans détour,
Nos Bergeres sans artifice ;
Tous nos cœurs connoissent l'Amour.

FLORE.

Dans nos Jardins, aux fleurs nouvelles,
Quand les Papillons font la cour,
Qu'ils voltigent, battent des ailes,
Qui les anime ? c'est l'Amour.

PASTORALE.
DORIS.

Quand le Printems se renouvelle,
L'aimable Flore est de retour;
Le Zéphir revient avec elle.
Qui les ramene? c'est l'Amour.

FLORE.

Quand Philis au bois va se rendre,
Tircis, par un autre détour,
A toujours soin de la surprendre.
Qui les rassemble? c'est l'Amour.

VAUDEVILLE.

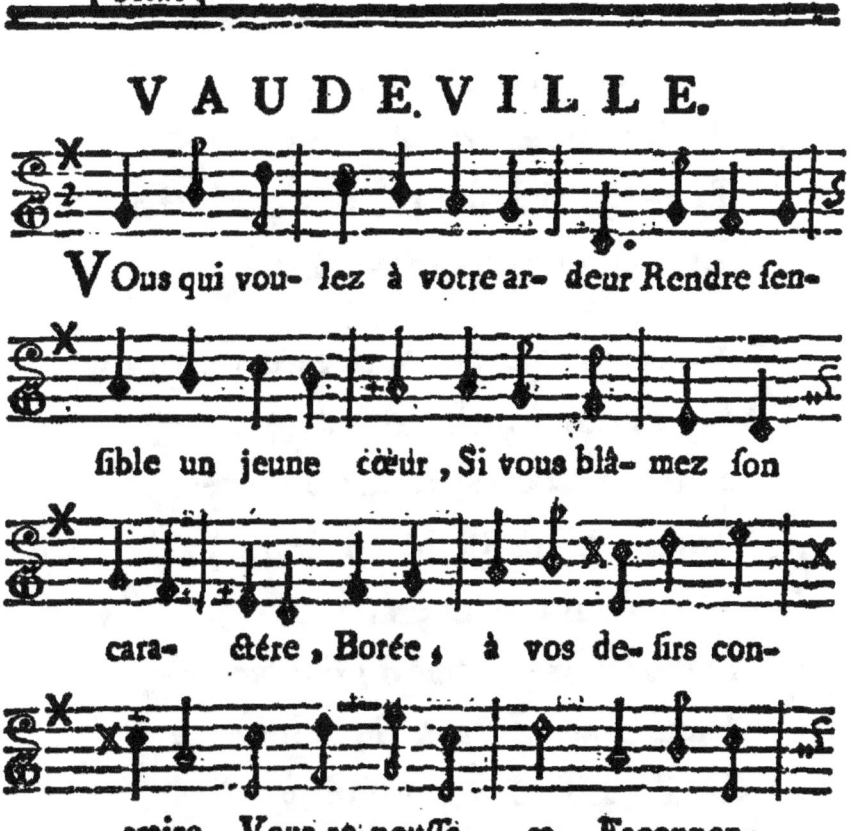

Vous qui vou-lez à votre ar-deur Rendre sen-sible un jeune cœur, Si vous blâ-mez son cara-ctére, Borée, à vos de-sirs con-traire, Vous re-poussé-ra. Façonnez-

ZEPHIRE ET FLORE,

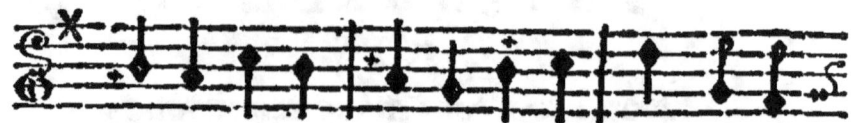
vous à ses ma- niéres, Et bien-tôt auprès

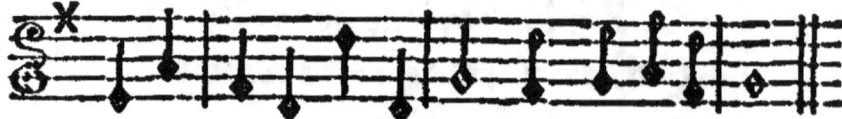
des plus fiéres Le Zéphir vous introdui-ra.

Jeunes Blondins, de votre feu
Si rien n'accompagne l'aveu,
En vain vous vous flattez de plaire;
Borée, à vos desirs contraire,
  Vous repoussera.
Mais joignez l'or à vos fleurettes,
Bien-tôt chez toutes nos coquettes
Le Zéphir vous introduira.

Vous qui voulez, nouveaux Commis,
De Plutus être Favoris,
Si votre ame est douce & sincere,
Borée, à vos desirs contraire,
  Vous repoussera.
Soyez durs, pleins de suffisance,
Dans tous les Ports de la Finance
Le Zéphir vous introduira.

PASTORALE.

Jeunes & généreux Seigneurs,
L'Amour vous promet tous les cœurs.
En vain de l'Isle de Cythére,
Borée, à vos desirs contraire,
  Vous repoussera.
Voguez sous d'heureuses étoiles,
Dans tous les Ports à pleines voiles
Le Zéphir vous introduira.

Vous dont les beaux jours sont passés,
Reposez-vous, Vieillards cassés.
Si vous voulez gagner Cythére,
Borée, à vos desirs contraire,
  Vous repoussera.
N'ayant plus ni mât, ni cordage,
Croyez-vous qu'au Port sans naufrage,
Le Zéphir vous introduira ?

D'un Ouvrage nouveau l'Auteur
Ne se montre qu'avec frayeur,
S'il a le malheur de déplaire,
Le sifflet, à ses vœux contraire,
  Le repoussera.
Mais si, par bonté, le Parterre
Porte un jugement moins sévére,
Le succès le ranimera.

   FIN.